ICH
HASSE
MENSCHEN.
SEHR.

AF195394

HARTMUT G. NERVT

ICH HASSE MENSCHEN. SEHR.

DAS ULTIMATIVE
MITMACHBUCH
ZUM ABREAGIEREN
UND SPASSHABEN

riva

VORWORT

Vorworte sind fast so schlimm
wie Menschen.
Lass uns lieber gleich anfangen ...

Achtung! Hass ist ein extrem negatives Gefühl, das in keiner Weise verherrlicht werden soll. Empfindest du starken Hass, wende dich bitte an eine Psychologische Beratungsstelle. Dieses Buch setzt einen humorvollen Umgang mit dem Thema voraus und dient lediglich der Unterhaltung.

Auf der rechten Seite findest du eine Liste, in die du die wirklich allerschlimmsten Eigenschaften von Menschen eintragen kannst. Was bringt dich so richtig auf die Palme?

Hier eine kleine Auswahl zur Inspiration:

- Dummheit
- Riechen eklig nach dem Sport
- Wollen immer reden
- Arroganz
- Neid
- Ziehen den Kopf so komisch ein, wenn es regnet

1. _____

2. _____

3. _____

4. _____

5. _____

6. _____

7. _____

8. _____

9. _____

10. _____

FÜLLE DEN LÜCKENTEXT:

Ich _____ Menschen.
Menschen sind _____ . Wenn
ich es mir aussuchen könnte, wäre ich
lieber ein/e _____ .
Die sind nämlich nicht so _____ .
Manchmal würde ich gern alle _____
_____ in eine/n _____
_____ stecken und _____
hinunter schubsen. Mache ich aber
nicht. Leider.

REISSE DER PERSON DEN KOPF AB.

MANCHE MENSCHEN SIND DER LEBENDE BEWEIS DAFÜR, DASS *Gehirnversagen* NICHT ZWINGEND ZUM TOD FÜHRT.

KREUZE AN!

_____ ist/ sind

- ☐ Dumm
- ☐ Hässlich
- ☐ Arrogant
- ☐ Peinlich
- ☐ Ungerecht
- ☐ Lieblos
- ☐ Eitel
- ☐ Charakter-schwach
- ☐ Gemein
- ☐ Sexistisch
- ☐ Unnütz

Schreibe hier eine Kurzgeschichte, wie die Menschheit deiner Meinung nach zugrunde geht.

_____

_____

_____

_____

_____

_____

_____

MALE, WAS IM KOPF VON _____ VORGEHT:

»Ganz schön heiß heute.«

»Früher hat's das ja nicht gegeben.«

»Muss ja.«

Welches kollektive Gejammer kannst du nicht mehr hören?

1. _____

2. _____

3. _____

ICH WOLLTE IMMER SCHON WAS MIT MENSCHEN MACHEN.

Schubsen ZUM BEISPIEL.

EVOLUTION

Zeichne hier, wie es weitergeht:

	Kein bisschen
Ich hasse Menschen	☐
Es gibt auch Ausnahmen	☐
Ohne Menschen wäre die Erde ein besserer Ort	☐
Wenn alle so wären wie ich, hätten wir keine Probleme	☐
Dummheit ist für 100 % aller Kriege verantwortlich	☐
Ich möchte lieber mit Tieren arbeiten	☐

(E)SKALIERT

Auf jeden Fall

Malen wirkt ja bekanntlich entspannend.

Probier doch auf der rechten Seite mal aus, ob es funktioniert.

An apple a day

KEEPS EVERYONE AWAY — IF YOU THROW IT HARD ENOUGH.

SCHIMPF-WÖRTER TO GO.

BEDIEN DICH.

| Fick dich | Leg dich gehackt | Deine Mudda | Pimmelgesicht | Arschkeks | Opfer | Mistbiene |

WIRF MIT DRECK UM DICH!

Nimm ein bisschen Matsch von draußen und versau diese Seite ...

MIT FÜSSEN GETRETEN

... und wo wir schon dabei sind: Platziere hier einen maximal schmutzigen Fußabdruck.

Guck mal, EINE VOODOO-PUPPE! DU MUSST SIE NUR NOCH PIKSEN.

Hast du schon einmal versucht, Konfetti aus dem Hochflorteppich zu saugen? Blöd, ne? Hier findest du jede Menge Konfetti zum Ausschneiden. Vielleicht fällt es dir ja bei einer passenden Gelegenheit »aus Versehen« aus der Hosentasche ...

MENSCHEN KANN MAN IN ZWEI KATEGORIEN EINTEILEN:

1. Dämlich.

2. So richtig dämlich.

Male diese Seite wutrot aus.
Komplett.

Lass uns mal über den Tellerrand schauen – was hasst du denn noch so außer Menschen?

Film: _____

Gemüse: _____

Song: _____

Buch: _____

Farbe: _____

Kleidungsstück: _____

Stadt oder Ort: _____

Sportverein: _____

Wetter: _____

Getränk: _____

DEINE NEUE *Hass* PLAYLIST

Killing in the Name – Rage against The Machine

I Hate You – Slayer

Hit the Road Jack – Ray Charles

Ich find dich scheiße – Tic Tac Toe

F**k You – CeeLo Green

Bonustrack: Codo – DÖF

Reinhören und besser fühlen.

Diese fünf Promis gehen mir am meisten auf die Nerven:

1. _____

2. _____

3. _____

4. _____

5. _____

REIM-TIME!

Lass dich ein wenig ablenken, indem du deinen Kopf beschäftigst und Reime auf die untenstehenden Wörter findest. Vielleicht schreibst du im Anschluss daraus noch ein hübsches Gedicht?

Hass _____

Dumm _____

Sack _____

Peinlich _____

Schwach _____

Pissnelke _____

Mach hier eine Woche lang jedes Mal einen Strich, wenn der Hass in dir hoch kommt

DA FEHLT DOCH WAS!

Zeichne den Finger ein.

✗ Was NERVT MEHR?

○ Regen	Schnee ○
○ Lange Schlange	Unfreundliche Kassenperson ○
○ Schreiendes Baby	Bellender Hund ○
○ Stau	Kein Parkplatz ○
○ Businesstrip	Überstunden ○

○	Kater	Migräne	○
○	Techno	Schlager	○
○	Langeweile	Stress	○
○	Sport	Kein Sport	○
○	Langsamfahrer	Im-Weg-Steher	○
○	Schlechter Film	Werbepause	○
○	Akku leer	Kein WLAN	○
○	Hunger	Durst	○
○	Chef	Partner	○

Name eintragen,
an die Wand hängen – fertig.
Wie viele Punkte erreichst du?

ICH HASSE AKRONYME!

Wofür steht dein Hass?

H _____

A _____

S _____

S _____

Zerreiße einen Faden
und klebe ihn hier ein:

Mein Geduldsfaden

WENN MAN NICHT DENKT, GEHT'S EIGENTLICH.

PHRASEN-DRESCHE 1

Überleg dir gute Antworten auf eine Auswahl der blödesten Phrasen ever.

»Nicht schlecht für eine Frau.«

»Es gibt kein schlechtes Wetter, es gibt nur schlechte Kleidung.«

»Früher hätte es das ja nicht gegeben.«

»Wer noch jammern kann, hat noch Kapazitäten.«

»Du bist vielleicht einfach zu anspruchsvoll.«

Klebe hier ein paar Blütenblätter ein und kreiere so deine eigene Pissnelke:

Und wo wir schon bei der
Gartenarbeit sind:
Lass mithilfe eines Klebestifts
Gras über die Sache wachsen:

Die Sache

QUIZTIME

Wie wäre es mit einem kleinen Quiz über Hass? Gewinnen kannst du – Ablenkung!

1. Woher kommt das Wort »Hass«?

  a) Von der Avocadosorte, die keiner mag

  b) Aus dem Alhochdeutschen für »Feindseligkeit«

  c) Es ist ein lautmalerischer Ausspruch

2. Was schlägt Google als erstes vor, wenn man dort »Hass« eingibt?

  a) Hassfurter Tageblatt

b) Hass Menschen

c) David Hasselhoff

3. Wie kann man »Hass« in schlau ausdrücken?

a) Idiosynkrasie

b) Gar nicht

c) Humanophobie

4. Wie unterscheidet sich Hass von Wut?

a) Stärkeres Gefühl

b) Klingt einfach nur cooler

c) Auf ein bestimmtes Objekt gerichtet

Lösung: 1. b, 2. a, 3. a, 4. c

Hassaiku

Wusstest du, dass ein Haiku eine japanische Gedichtform ist? Es ist sehr kurz und besteht aus etwa zehn bis 14 Silben, die meist auf drei Zeilen verteilt werden.

Hier ein Beispiel:

Komm, wir machen

still, heimlich und leise

was ohne Menschen

Kannst du dein eigenes Hassaiku schreiben?

HEUTE BIN ICH SO SAUER WIE:

- ○
- ○
- ○
- ○
- ○
- ○

Diese fünf Dinge würde ich gern sofort verbieten:

1. _____

2. _____

3. _____

4. _____

5. _____

SIE HABEN POST!

Wie schön, eine E-Mail!
Wenn nicht diese schrecklichen
Betreffzeilen wären.
Formuliere Mails, die du so nicht
(mehr) bekommen möchtest.

An ...	
Betreff	

An ...

Betreff

___
___
___
___

An ...

Betreff

___
___
___
___

An ...

Betreff

___
___
___
___

Mit welchen nervigen Angewohnheiten deiner Mitmenschen musst du dich herumschlagen?

Name: _____

Angewohnheit: _____

_____

Name: _____

Angewohnheit: _____

_____

Name: _____

Angewohnheit: _____

_____

ICH HASSE
MENSCHEN.
TIERE AUCH.
Steine
SIND OKAY.

Guck mal, der Mond!
Wen würdest du hier gern hin schießen?

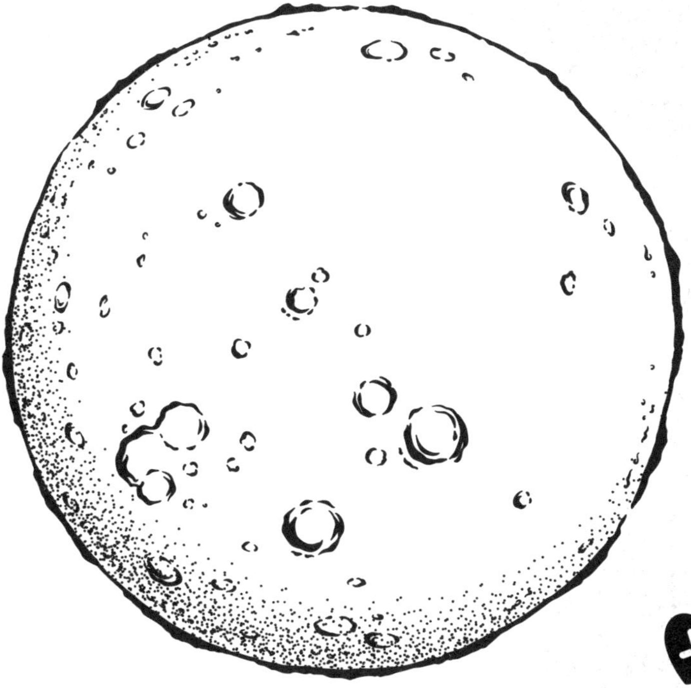

_____

_____

_____

_____

_____

NACHFOLGER GESUCHT

Ein Job ist freigeworden! Welcher? Richtig, deiner. Formuliere auf der gegenüberliegenden Seite eine Stellenanzeige für deinen aktuellen Job. Und zwar eine ehrliche!

Hast du einen nervigen Chef? Stellen deine Kollegen super dumme Fragen? Treiben dich deine Kunden in den Wahnsinn? Lass kein Detail aus, auf das dein potenzieller Nachfolger gut vorbereitet sein sollte.

EINE INSEL
nur für mich

Was würdest du mit auf diese einsame Insel nehmen? Außer Menschen natürlich …

Hier eine nicht ganz vollständige Liste von Orten, die ich hasse:

1. _____

2. _____

3. _____

4. _____

5. _____

DINGE, DIE ICH LIEBER MAG ALS MENSCHEN

Kreuze an:

☐ Mitesser

☐ Steine

☐ Schneesturm

☐ Kalter Kaffee

☐ Schlange an der Kasse

- ☐ Kopfschmerzen
- ☐ Das große Fest der Volksmusik
- ☐ Rosenkohlauflauf
- ☐ Stau
- ☐ Hausaufgaben
- ☐ Krümel im Bett
- ☐ Langeweile
- ☐ Strafzettel
- ☐ Wurzelbehandlung

NICHT MEHR ALLE Tassen IM SCHRANK?

Beschrifte den Schrank auf der rechten Seite, trage eine Person ein, die sie nicht mehr alle hat und schneide so viele Tassen aus, wie nötig.

"IST DAS HIER DIE SELBSTHILFE-GRUPPE FÜR ALLE, DIE MENSCHEN HASSEN?"

"JA, HAU AB."

F* *k

Was sollen eigentlich diese Sternchen,
wenn eh jeder weiß, was gemeint ist?
Doch ist das wirklich so?
Überleg mal, was man zwischen ein
F und ein K noch alles setzen kann:

F_____K

F_____K

F_____K

F_____K

F_____K

Schöne Grüße von Frank an dieser Stelle.

Dir gehen wieder mal alle auf die Nerven?
Dann findest du hier die menschenleersten
Orte der Welt:

- **Point Nemo im Pazifik:**
  Der Ort, der am weitesten von Land und
  Inseln entfernt ist. Dort findet man ganz
  generell wenig Leben.

- **Tsingy de Bemaraha:**
  Ein Nationalpark auf Madagaskar, der
  durch die landschaftlichen Gegeben-
  heiten schwer zu erforschen ist.
  Riesige Kalksteinnadeln, Höhlen und
  und Mangrovenwälder machen das Ganze
  zwar nicht besonders einladend, men-
  schenleer ist es aber in jedem Fall!

- **Tristan da Cunha:**
  Eine Insel im Atlantik, die am weitesten
  von anderen bewohnten Orten entfernt
  ist. Dort leben zwar Menschen, aber mit
  den 200 wirst du bestimmt fertig ...

- **Namib-Wüste:**
Namib bedeutet so etwas wie »leerer Ort« – und das sagt ja quasi schon alles.

- **Sacha:**
Diese Region im nördlichen Russland schreckt Besucher mit Permafrost und extremen Wetterbedingungen weitgehen ab – hier schadet allerdings ein wenig Eile nicht, denn wer weiß, was der Klimawandel so mit sich bringt.

- **Deine Toilette.**
Schön warm, gemütlich und keine anderen Menschen in Sicht.

Male oder schreibe in diese Palme, was dich als letztes dorthin gebracht hat:

Zum Ausschneiden und an der Windschutzscheibe anbringen:

Hinweis
SIE HABEN SCHEISSE GEPARKT!

BEVOR JEMAND FRAGT:

Nein.

BEHÖRDEN-LABYRINTH

Du musst etwas beantragen, los! Findest du den Weg? Doch eine Behörde wäre keine Behörde, wenn sie es dir nicht möglichst schwer machen würde – es gibt also keinen Ausgang. Nimm einfach den Weg mit den wenigsten Widerständen.

Was NERVT MEHR?

○	Warmes Bier	Kalter Auflauf	○
○	Sonnenbrand	Kalte Füße	○
○	Ämtergang	Beamte	○
○	Kirchenglocken	Sirene	○
○	Fahrrad-Platten	Kein Fahrrad	○
○	Chef	Kollegen	○
○	Schnupfen	Husten	○

○	Romantische Komödie	Horrorfilm	○
○	Kein Taschentuch dabei	Kein Klo in der Nähe	○
○	Angeber	Langweiler	○
○	Wäsche waschen	Staub wischen	○
○	Party	Keine Party	○
○	Kratziger Pulli	Rutschende Hose	○
○	Spammails	Sprachnachrichten	○

INNERNATIONALES Fluchen

Um die Misere mit ein wenig mehr Humor sehen zu können, reichen oft schon ein paar kreative Schimpfwörter:

AUF DA BRENNSUPPN DAHERGSCHWUMMA (Bairisch) – Keine Ahnung von etwas haben

BLÄRROCHS (Schwäbisch) – Heulsuse

FATZKE (Berlinerisch) – eitler Mensch

SCHIETBÜDEL (Plattdeutsch) – kleiner Scheißer

NIESLBRIEM (Sächsisch) – einfältiger, mürrischer Mensch

KACKSTELZE (Ruhrgebiet) – ursprünglich mal für »Bein« verwendet

GREINMEICHERLA (Fränkisch) – Jammerlappen

Du hast etwas zur Beruhigung gebraucht? Verschönere diese Seite mit Bier- oder Weinflecken, Zigaretten-Brandlöchern oder Schokolade.

Menschen denken sich ja die unmöglichsten Dinge aus. Manchmal werden sie sogar dafür bezahlt. Ärgerlich nur, wenn das Ergebnis echt mies ist und du dir das Ganze auch noch anschauen musst. Klebe auf der rechten Seite die schlechteste Werbeanzeige ein, die dir über den Weg läuft

POST FÜR DICH
♥

Schreibe eine Postkarte.
Allerdings nicht darüber, wie Wetter und Essen in deinem Urlaub sind, sondern sag jemandem ganz ehrlich das, was du schon immer mal sagen wolltest.
Ob du die Postkarte anschließend wirklich abschickst oder nicht, bleibt dir überlassen*.

* Im Rahmen dieses Buches würden wir pauschal einfach mal »nicht abschicken« empfehlen. Aber was wissen wir schon.

Schreibe hier ein paar dumme Ideen auf und streiche sie so fest durch, dass die Seite einreißt.

Dieses wundervolle Geräusch, wenn nervige Menschen den Mund halten.

DONAUHASS-SCHIFFFAHRTS-GESELLSCHAFTS-KAPITÄN

Trenne diese Seite heraus, schreibe deinen Ärger darauf und bastel daraus ein Schiff. Anschließend verabschiedest du dich davon und schickst es auf einem Bach oder Fluss auf die Reise. Badewanne ist auch okay.

„SO BLÖD KANN KEIN MENSCH SEIN!"

MENSCH: „Hm, ja, doch."

DRAUF GESCHISSEN?

Klebe hier ein Sanifair-Ticket ein.

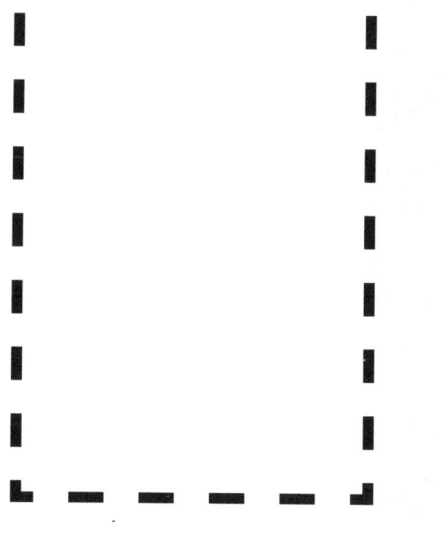

PÄRCHEN-ABEND

Schreibe auf die linke und die rechte Seite jeweils fünf Namen von Menschen, die du, sagen wir mal, so mittelgut findest.

Anschließend bildest du Pärchen: Wer hat sich gegenseitig verdient? Verbinde die Namen mit einer Linie.

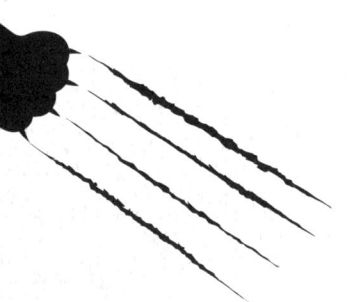

_____   _____

_____   _____

_____   _____

_____   _____

_____   _____

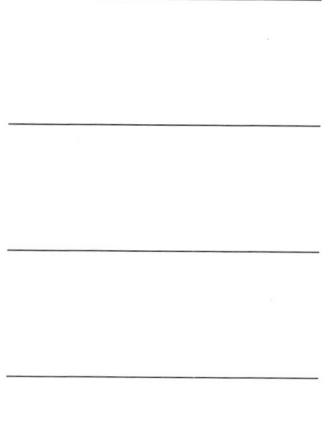 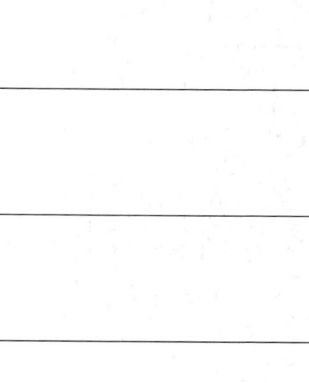 

Ich hasse euch alle

Mo

Di

Mi

Do

Fr

Sa

So

HASS-O-METER

Tracke eine Woche lang deine Stimmung!

Supidupi Tag heute

Dein Kollege, Chef oder jemand anderer aus dem beruflichen Umfeld gehen dir tierisch auf die Nerven? Gestalte hier eine ehrliche Visitenkarte.

Mache einen Fettfleck auf diese Seite, umrande ihn, male ihm ein Gesicht, und gib ihm einen Namen.

Na, haste gemerkt, oder?
Da hat wohl was gefehlt. Tja, blöd.
Wir dachten, zum Endspurt hin
heizen wir den Hass
nochmal ein bisschen an.
Autoren sind ja auch nur Menschen …

Ich hasse es, was dabei herauskommt, wenn ich versuche, einen Clown zu zeichnen:

Über welche Schlagzeilen würdest du dich so langsam nicht mehr wundern?

STADT, LAND, HASS

Unbeliebter Promi	Schmeckt nicht	Fürchterliches Geräusch

MALE EINEN Shitstorm!

VERPASSE DIESEM HINTERN EINEN ARSCHTRITT.

Wie? Du kannst zum Beispiel deinen Fuß auf diese Seite stellen und ihn umranden.

Stell dir vor, das hier ist die gesamte Menschheit. Wie viele Menschen davon hasst du in etwa?

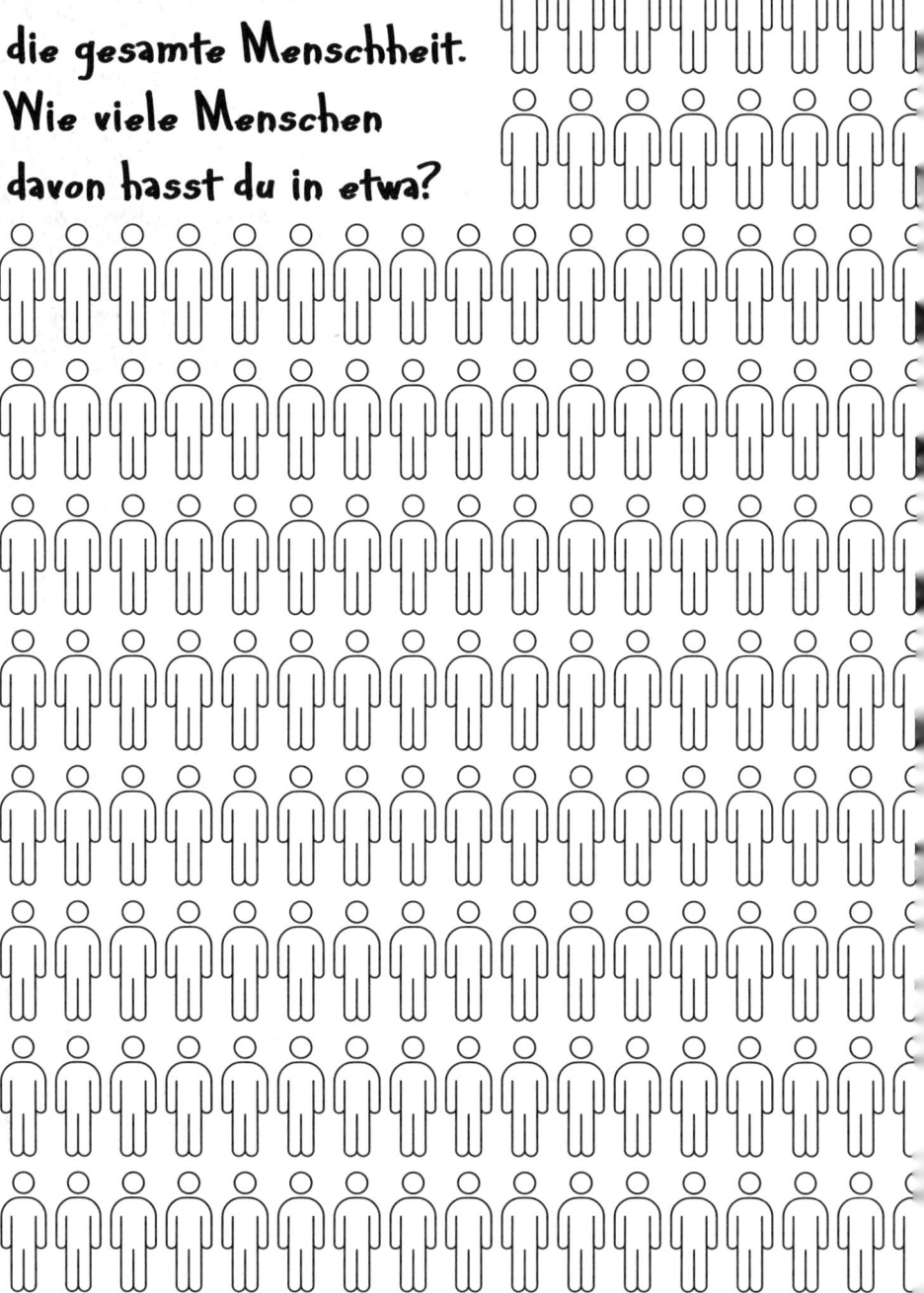

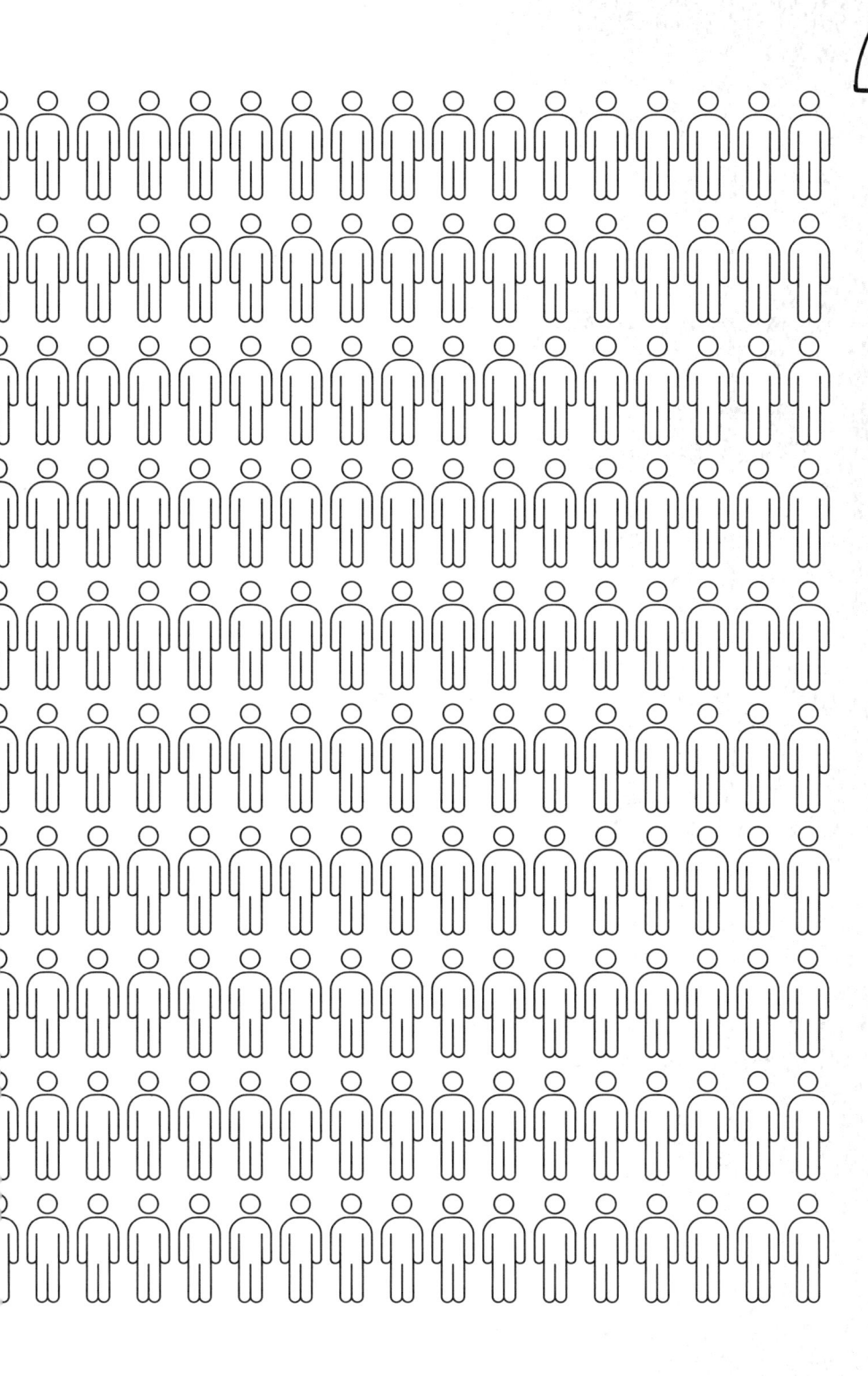

Immer noch Hass übrig?
Auf den folgenden Seiten hast du noch einmal die Gelegenheit, überschüssige Energie abzubauen und dich auf deine eigene Weise auszutoben.

Wen hasst du? Warum?
Wie geht es dir damit?

Anschließend solltest du
die Seiten heraustrennen
und verbrennen.
Einfach für's gute Gefühl!

Bibliografische Information der Deutschen Nationalbibliothek
Die Deutsche Nationalbibliothek verzeichnet diese Publikation in der Deutschen Nationalbibliografie. Detaillierte bibliografische Daten sind im Internet über https://dnb.de abrufbar.

Für Fragen und Anregungen
info@m-vg.de

Wichtiger Hinweis
Ausschließlich zum Zweck der besseren Lesbarkeit wurde auf eine genderspezifische Schreibweise sowie eine Mehrfachbezeichnung verzichtet. Alle personenbezogenen Bezeichnungen sind somit geschlechtsneutral zu verstehen.

Originalausgabe
7. Auflage 2024
© 2023 by riva Verlag, ein Imprint der Münchner Verlagsgruppe GmbH
Türkenstraße 89
80799 München
Tel.: 089 651285-0

Alle Rechte, insbesondere das Recht der Vervielfältigung und Verbreitung sowie der Übersetzung, vorbehalten. Kein Teil des Werkes darf in irgendeiner Form (durch Fotokopie, Mikrofilm oder ein anderes Verfahren) ohne schriftliche Genehmigung des Verlages reproduziert oder unter Verwendung elektronischer Systeme gespeichert, verarbeitet, vervielfältigt oder verbreitet werden. Wir behalten uns die Nutzung unserer Inhalte für Text und Data Mining im Sinne von § 44b UrhG ausdrücklich vor.

Umschlaggestaltung: Isabella Dorsch
Abbildungen Umschlag und Innenteil: Shutterstock.com/Aleksandra Bataeva , Carla Francesca Castagno, Croisy, davooda, Devita ayu silvianingtyas , Diana_Karch, Duta indesign, GetThis, HuHu, Julia Khimich, Karinka Yakovleva, Kheat, Lars Poyansky, LHF Graphics, Lidiia Koval, Lyubov Vigurs-kaya, Magi Bagi, Marian Salabai, Martyshova Maria, Mika Besfamilnaya, Milano M, mokaroka, Moon-Rock, M-SUR, Nasi_lemak, Natalie Schrim, Oleksiy Mark, ozzichka, Pixelz Studio, Rebellion Works, Ron Dale, tatianasun, Uncle Leo, Viktoria Yams, Wiktoria Matynia
Layout: Karina Braun
Satz: inpunkt[w]o, Wilnsdorf (www.inpunktwo.de)
Druck: Florjancic, Tisk d.o.o., Slowenien
Printed in the EU

ISBN Print 978-3-7423-2534-1

Weitere Informationen zum Verlag finden Sie unter

www.rivaverlag.de

Beachten Sie auch unsere weiteren Verlage unter www.m-vg.de